# 화엄경 제47권(불부사의 해탈품 33-2) 해설

제47권에는 10종 광대불사와 10종 無二, 10종 住 . 10종 智 등이 나온다. 제불 세존에게는 인천이나 성문, 연각이 알지 못하는 10종 광대한 불사가 있다.

佛不思議法品第三十
불부사의법품제삼십

三之二
삼지이

佛子諸佛世尊有十種廣
불자제불세존유십종광

大佛事無量無邊不可思議
대불사무량무변불가사의

一切世間諸天及人皆不能
일체세간제천급인개불능

知去來現在所有一切聲聞
지거래현재소유일체성문

獨覺亦不能知唯除如來威
독각역불능지유제여래위

神之力何等爲十所謂一切
신지력하등위십소위일체

諸佛於盡虛空遍法界一切
제불어진허공변법계일체

世界兜率陀天皆現受生修
세계도솔타천개현수생수

菩薩行作大佛事無量色相
보살행작대불사무량색상

無量威德無量光明無量音
무량위덕무량광명무량음

聲無量言辭無量三昧無量
성무량언사무량삼매무량

智慧所行境界攝取一切人
지혜소행경계섭취일체인

天魔梵沙門婆羅門阿修羅
等大慈無礙大悲究竟平等
饒益一切衆生或令生天或
令生人或淨其根或調其心
或時爲說差別三乘或時爲
說圓滿一乘普皆濟度令出
生死是爲第一廣大佛事

佛불 子자 一일 切체 諸제 佛불 從종 兜도 率솔 天천

降강 神신 母모 胎태 以이 究구 竟경 三삼 昧매 觀관 受수

生생 法법 如여 幻환 如여 化화 如여 影영 如여 空공 如여

熱열 時시 焰염 隨수 樂락 而이 受수 無무 量량 無무 礙애

入입 無무 諍쟁 法법 起기 無무 着착 智지 離이 欲욕 淸청

淨정 成성 就취 廣광 大대 妙묘 莊장 嚴엄 藏장 受수 最최

後후 身신 住주 大대 寶보 莊장 嚴엄 樓루 閣각 而이 作작

| 而 이 | 作 작 | 佛 불 | 事 사 | 而 이 | 以 이 | 佛 불 |
|---|---|---|---|---|---|---|
| 作 작 | 佛 불 | 事 사 | 或 혹 | 作 작 | 正 정 | 事 사 |
| 佛 불 | 事 사 | 或 혹 | 現 현 | 佛 불 | 念 념 | 或 혹 |
| 事 사 | 或 혹 | 現 현 | 諸 제 | 事 사 | 而 이 | 以 이 |
| 或 혹 | 入 입 | 諸 제 | 佛 불 | 或 혹 | 作 작 | 神 신 |
| 現 현 | 無 무 | 佛 불 | 廣 광 | 現 현 | 佛 불 | 力 력 |
| 從 종 | 數 수 | 無 무 | 大 대 | 智 지 | 事 사 | 而 이 |
| 彼 피 | 廣 광 | 量 량 | 境 경 | 日 일 | 或 혹 | 作 작 |
| 諸 제 | 大 대 | 光 광 | 界 계 | 而 이 | 現 현 | 佛 불 |
| 三 삼 | 三 삼 | 明 명 | 而 이 | 作 작 | 神 신 | 事 사 |
| 昧 매 | 昧 매 | 而 이 | 作 작 | 佛 불 | 通 통 | 或 혹 |

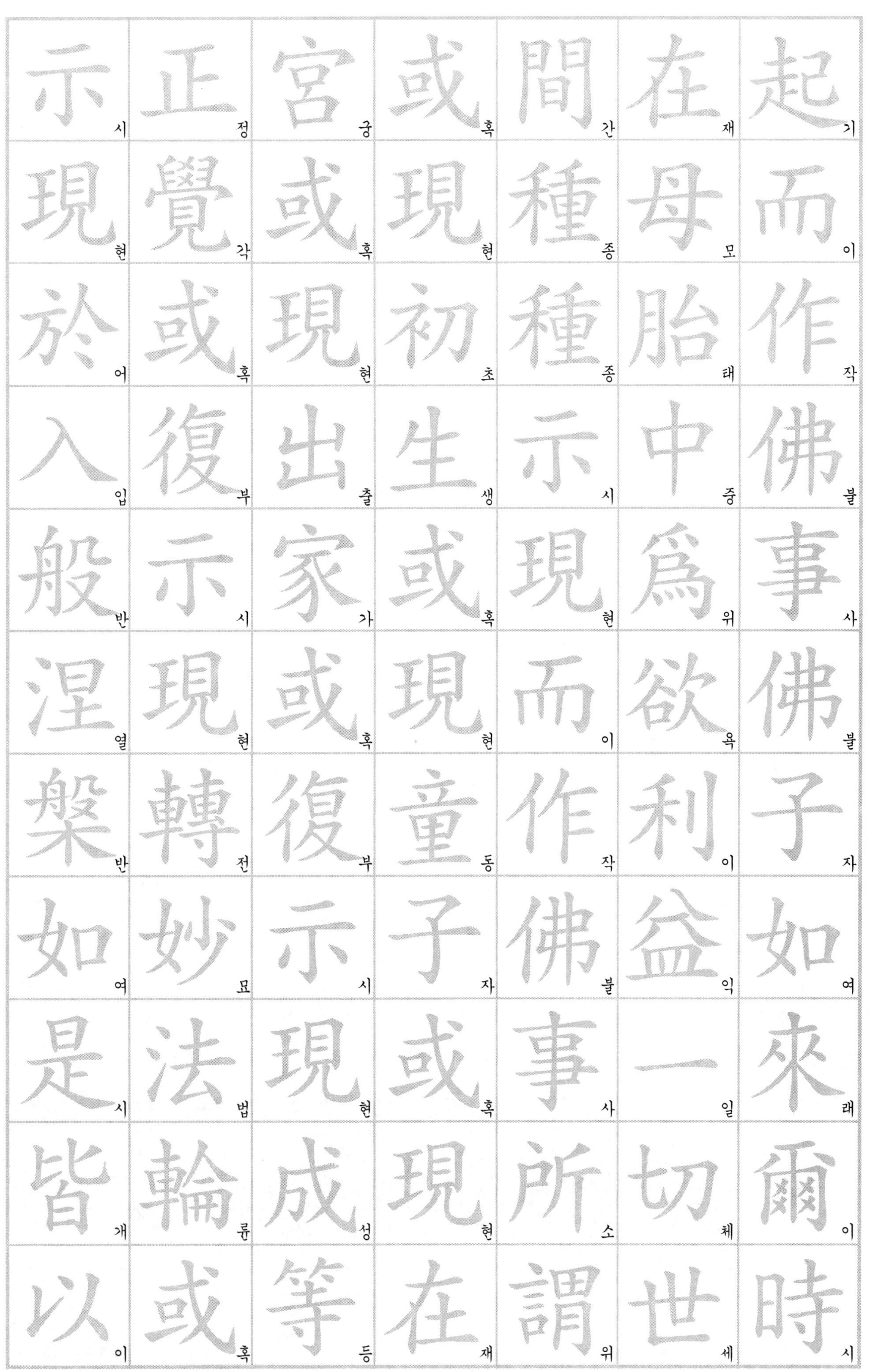
起而作佛事佛子如來爾時
在母胎中爲欲利益一切世
間種種示現而作佛事所謂
或現初生或現童子或現在
宮或現出家或復示現成等
正覺或復示現轉法輪或
示現於入般涅槃如是皆以

사경의 공덕은 십만억 부처님께 공양한 것과 같은 공덕이 있습니다.

種種方便於一切方一切網
종종방편어일체방일체망

一切旋一切種一切世界中
일체선일체종일체세계중

而作佛事是爲第二廣大佛
이작불사시위제이광대불

事
사

佛子一切諸佛一切善業
불자일체제불일체선업

皆已淸淨一切生智皆已明
개이청정일체생지개이명

潔而以生法誘導群迷令其
결이이생법유도군미영기

開悟具行衆善爲衆生故示
誕王宮一切諸佛於諸色欲
宮殿妓樂皆已捨離無所貪
染常觀諸有空無體性一切
樂具悉不眞實持佛淨戒究
竟圓滿觀諸內宮妻妾侍從
生大悲愍觀諸衆生虛妄不

實(실) 起(기) 大(대) 慈(자) 心(심) 觀(관) 諸(제) 世(세) 間(간) 無(무) 一(일)

可(가) 樂(락) 而(이) 生(생) 大(대) 喜(희) 於(어) 一(일) 切(체) 法(법) 心(심)

得(득) 自(자) 在(재) 而(이) 起(기) 大(대) 捨(사) 具(구) 佛(불) 功(공) 德(덕)

現(현) 生(생) 法(법) 界(계) 身(신) 相(상) 圓(원) 滿(만) 眷(권) 屬(속) 淸(청)

淨(정) 而(이) 於(어) 一(일) 切(체) 皆(개) 無(무) 所(소) 着(착) 以(이) 隨(수)

類(류) 音(음) 爲(위) 衆(중) 演(연) 說(설) 令(영) 於(어) 世(세) 法(법) 深(심)

生(생) 厭(염) 離(리) 如(여) 其(기) 所(소) 行(행) 示(시) 所(소) 得(득) 果(과)

사경의 공덕은 십만억 부처님께 공양한 것과 같은 공덕이 있습니다.

復以方便隨應教化未成熟
부이방편수응교화미성숙

者令其成熟已成熟者令得
자영기성숙이성숙자영득

解脫爲作佛事令不退轉復
해탈위작불사영불퇴전부

以廣大慈悲之心恒爲衆生
이광대자비지심항위중생

說種種法又爲示現三種自
설종종법우위시현삼종자

在令其開悟心得淸淨雖處
재영기개오심득청정수처

內宮衆所咸覩而於一切諸
내궁중소함도이어일체제

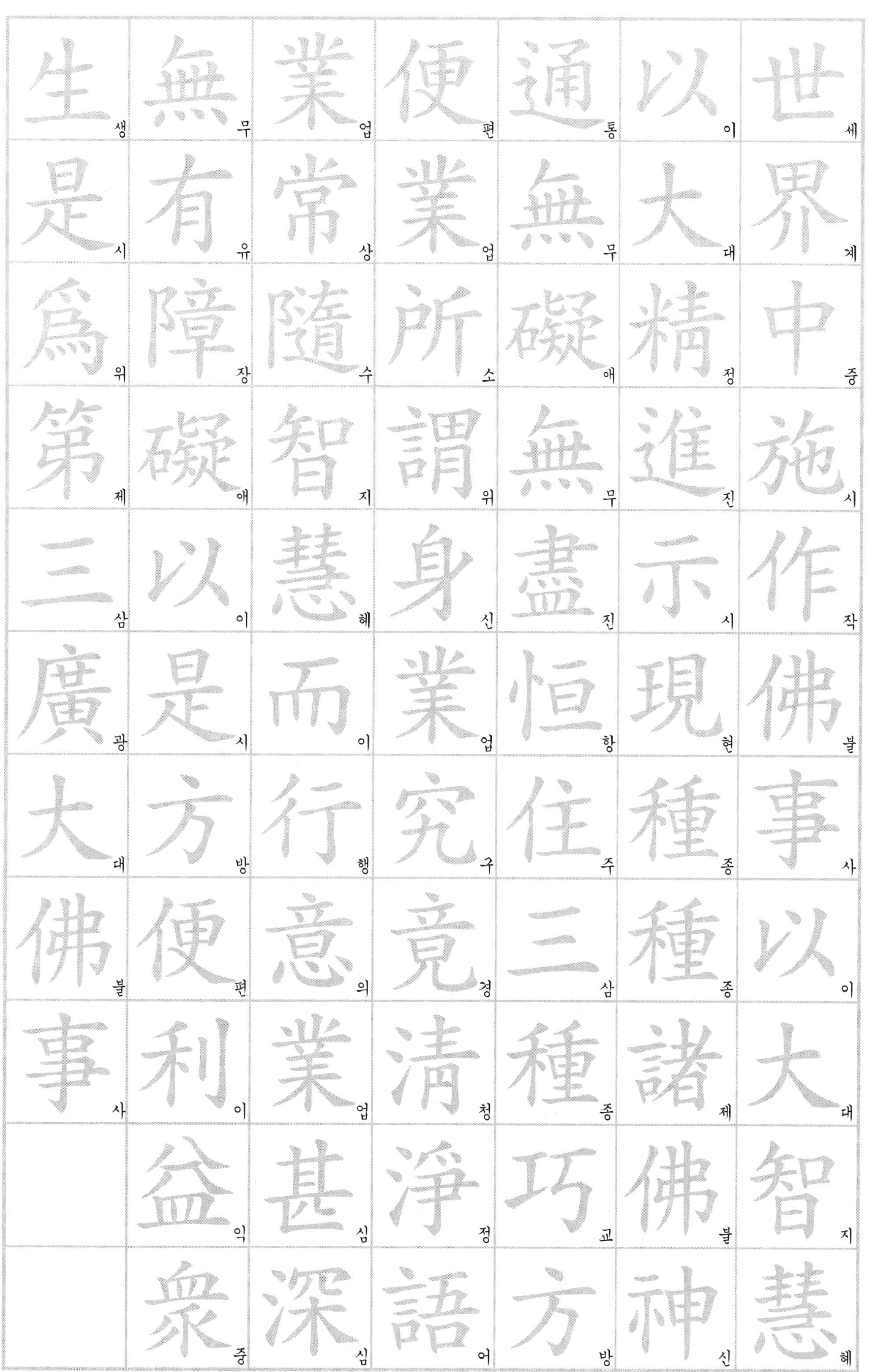

世界中施作佛事以大智慧
以大精進示現種種諸佛神
通無礙無盡恒住三種巧方
便業所謂身業究竟清淨語
業常隨智慧而行意業甚深
無有障礙以是方便利益衆
生是爲第三廣大佛事

세계중시작불사이대지혜
이대정진시현종종제불신
통무애무진항주삼종교방
편업소위신업구경청정어
업상수지혜이행의업심심
무유장애이시방편이익중
생시위제삼광대불사

佛子一切諸佛示處種種
莊嚴宮殿觀察厭離捨而出
家欲使衆生了知世法皆是
妄想無常敗壞深厭起離不
生染着永斷世間貪愛煩惱
修淸淨行利益衆生當出家
時捨俗威儀住無諍法滿足

本願無量功德以大智光滅
世癡闇爲諸世間無上福田
常爲衆生讚佛功德令於佛
所植諸善本以智慧眼見眞
實義復爲衆生讚說出家清
淨無過永得出離長爲世間
智慧高幢是爲第四廣大佛

事(사)

佛(불)子(자)一(일)切(체)諸(제)佛(불)具(구)一(일)切(체)智(지)

於(어)無(무)量(량)法(법)悉(실)已(이)知(지)見(견)菩(보)提(리)樹(수)

下(하)成(성)最(최)正(정)覺(각)降(항)伏(복)衆(중)魔(마)威(위)德(덕)

特(특)尊(존)其(기)身(신)充(충)滿(만)一(일)切(체)世(세)界(계)神(신)

力(력)所(소)作(작)無(무)邊(변)無(무)盡(진)於(어)一(일)切(체)智(지)

所(소)行(행)之(지)義(의)皆(개)得(득)自(자)在(재)修(수)諸(제)功(공)

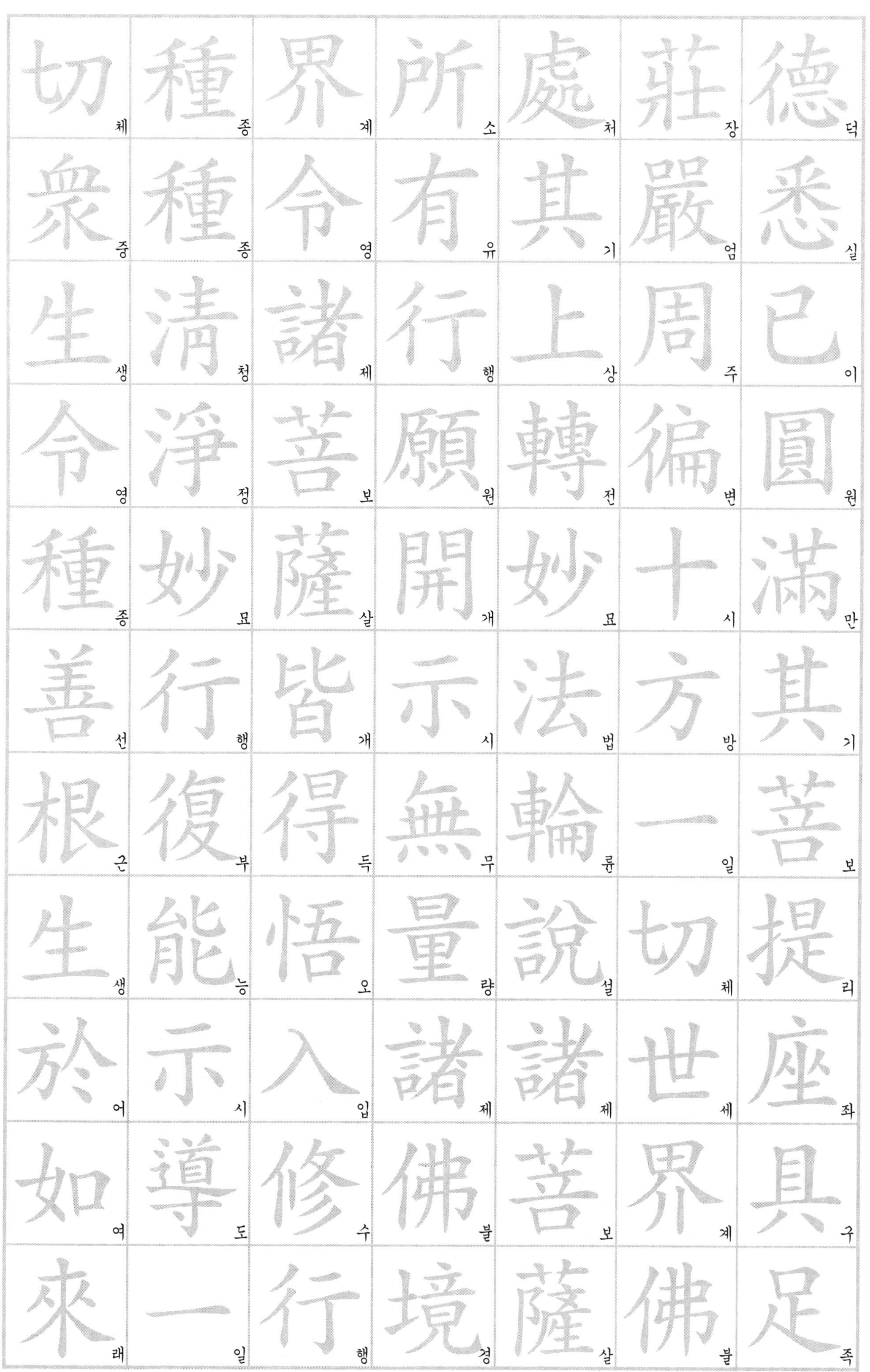
德悉已圓滿其菩提座具足
莊嚴周徧十方一切世界佛
處其上轉妙法輪說諸菩薩
所有行願開示無量諸佛境
界令諸菩薩皆得悟入修行
種種清淨妙行復能示導一
切衆生令種善根生於如來

平평 等등 地지 中중 住주 諸제 菩보 薩살 無무 邊변 妙묘

行행 成성 就취 一일 切체 功공 德덕 勝승 法법 一일 切체

世세 界계 一일 切체 衆중 生생 一일 切체 佛불 刹찰 一일

切체 諸제 法법 一일 切체 菩보 薩살 一일 切체 敎교 化화

一일 切체 三삼 世세 一일 切체 調조 伏복 一일 切체 神신

變변 一일 切체 衆중 生생 心심 之지 樂락 欲욕 悉실 善선

了료 知지 而이 作작 佛불 事사 是시 爲위 第제 五오 廣광

大佛事
대불사

佛子一切諸佛轉不退法
불자일체제불전불퇴법

輪令諸菩薩不退轉故轉無
륜영제보살불퇴전고전무

量法輪令一切世間咸了知
량법륜영일체세간함료지

故轉開悟一切法輪能大無
고전개오일체법륜능대무

畏師子吼故轉一切法智藏
외사자후고전일체법지장

法輪開法藏門除闇障故轉
법륜개법장문제암장고전

無礙法輪等虛空故轉無著
무애법륜등허공고전무착

法輪觀一切法非有無故轉
법륜관일체법비유무고전

照世法輪令一切眾生淨法
조세법륜영일체중생정법

眼故轉開示一切智法輪悉
안고전개시일체지법륜실

徧一切三世法故轉一切佛
변일체삼세법고전일체불

同一法輪一切佛法不相違
동일법륜일체불법불상위

故一切諸佛以如是等無量
고일체제불이여시등무량

無數百千億那由他法輪隨
무수백천억나유타법륜수

諸衆生心行差別而作佛事
제중생심행차별이작불사

不可思議是爲第六廣大佛
불가사의시위제육광대불

事
사

佛子一切諸佛入於一切
불자일체제불입어일체

王都城邑爲諸衆生而作佛
왕도성읍위제중생이작불

事所謂人王都邑天王都邑
사소위인왕도읍천왕도읍

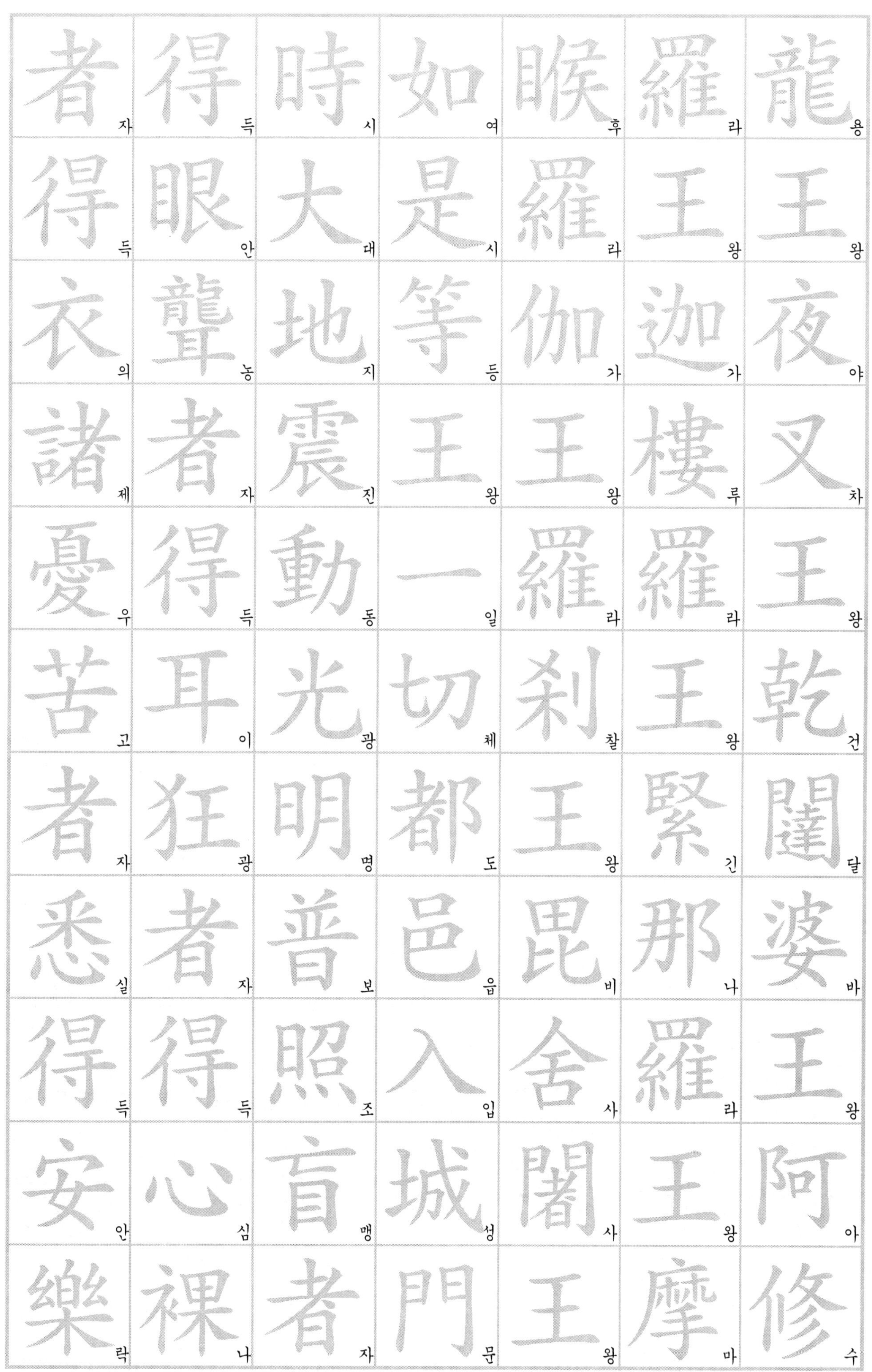
龍王王夜叉王乾闥婆王阿修
용왕왕야차왕건달바왕아수
羅王迦樓羅王緊那羅王摩
라왕가루라왕긴나라왕마
睺羅伽王羅剎王毘舍闍王
후라가왕라찰왕비사사왕
如是等王一切都邑入城門
여시등왕일체도읍입성문
時大地震動光明普照盲者
시대지진동광명보조맹자
得眼聾者得耳狂者得心裸
득안농자득이광자득심나
者得衣諸憂苦悉得安樂
자득의제우고실득안락

| 若 약 | 顧 고 | 能 능 | 身 신 | 聞 문 | 具 구 | 一 일 |
|---|---|---|---|---|---|---|
| 行 행 | 視 시 | 爲 위 | 淸 청 | 者 자 | 若 약 | 切 체 |
| 若 약 | 若 약 | 衆 중 | 淨 정 | 無 무 | 著 착 | 樂 악 |
| 住 주 | 觀 관 | 生 생 | 相 상 | 不 불 | 不 불 | 器 기 |
| 若 약 | 察 찰 | 作 작 | 好 호 | 欣 흔 | 着 착 | 不 불 |
| 坐 좌 | 若 약 | 於 어 | 具 구 | 樂 락 | 咸 함 | 鼓 고 |
| 若 약 | 動 동 | 佛 불 | 足 족 | 一 일 | 出 출 | 自 자 |
| 臥 와 | 轉 전 | 事 사 | 見 견 | 切 체 | 妙 묘 | 鳴 명 |
| 若 약 | 若 약 | 所 소 | 者 자 | 諸 제 | 音 음 | 諸 제 |
| 默 묵 | 屈 굴 | 謂 위 | 無 무 | 佛 불 | 衆 중 | 莊 장 |
| 若 약 | 伸 신 | 若 약 | 厭 염 | 色 색 | 生 생 | 嚴 엄 |

사경의 공덕은 십만억 부처님께 공양한 것과 같은 공덕이 있습니다.

語若現神通若爲說法若有
敎勅如是一切皆爲衆生而
作佛事一切諸佛普於一切
無數世界種種衆生心樂海
中勸令念佛常勤觀察種諸
善根修菩薩行歎佛色相微
妙第一一切衆生難可値遇

若有得見而興信心則生一
切無量善法集佛功德普皆
清淨如是稱讚佛功德已分
身普往十方世界令諸衆生
悉得瞻奉思惟觀察承事供
養種諸善根得佛歡喜增長
佛種悉當成佛以如是行而

사경의 공덕은 십만억 부처님께 공양한 것과 같은 공덕이 있습니다.

作(작)佛(불)事(사)或(혹)爲(위)衆(중)生(생)示(시)現(현)色(색)身(신)
或(혹)出(출)妙(묘)音(음)或(혹)但(단)微(미)笑(소)令(영)其(기)信(신)
樂(락)頭(두)頂(정)禮(례)敬(경)曲(곡)躬(궁)合(합)掌(장)稱(칭)揚(양)
讚(찬)歎(탄)問(문)訊(신)起(기)居(거)而(이)作(작)佛(불)事(사)一(일)
切(체)諸(제)佛(불)以(이)如(여)是(시)等(등)無(무)量(량)無(무)數(수)
不(불)可(가)言(언)說(설)不(불)可(가)思(사)議(의)種(종)種(종)佛(불)
事(사)於(어)一(일)切(체)世(세)界(계)中(중)隨(수)諸(제)衆(중)生(생)

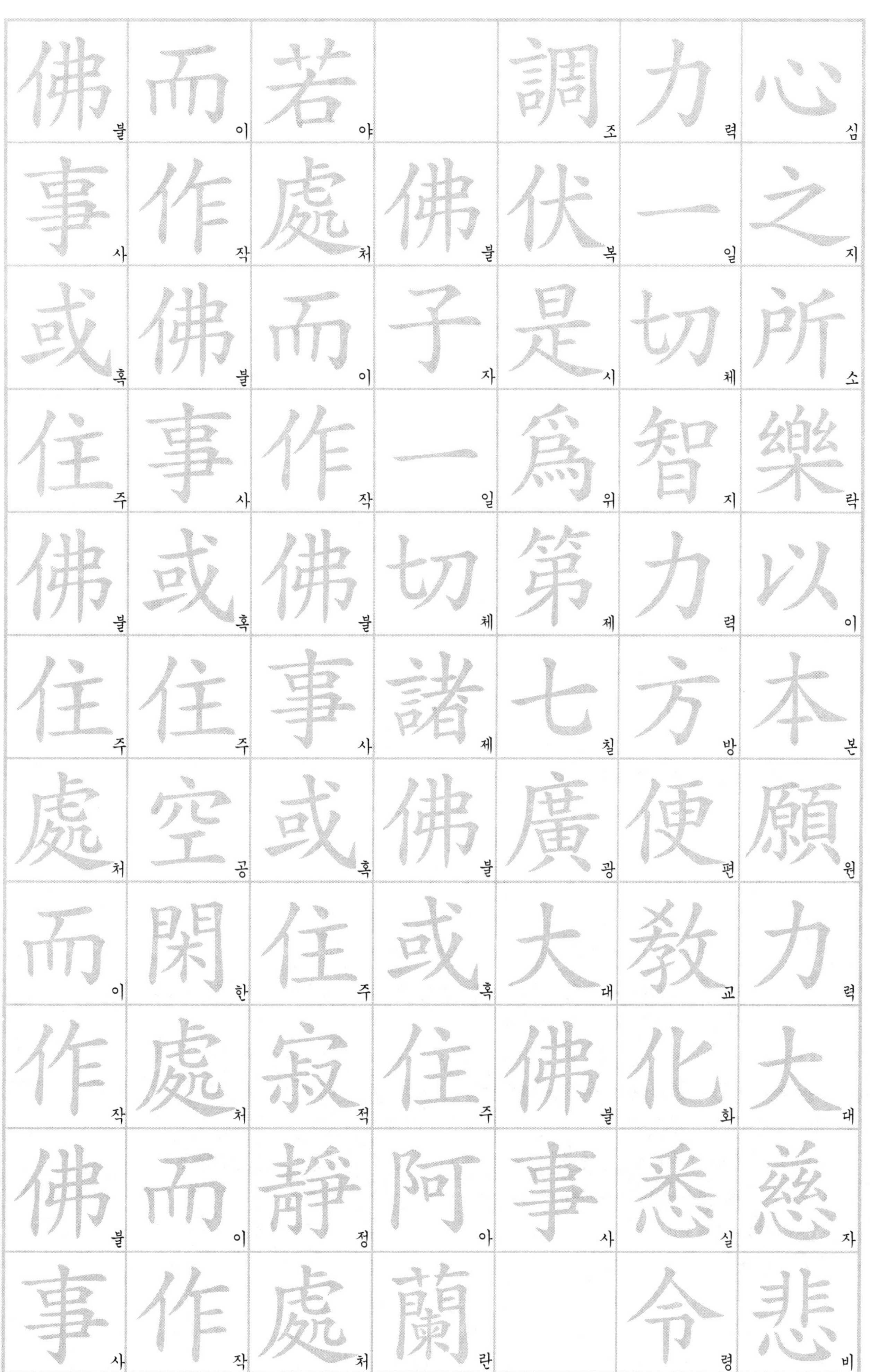

心之所樂以本願力大慈悲
力一切智力方便教化悉令
調伏是爲第七廣大佛事

佛子一切諸佛或住阿蘭
若處而作佛事或住寂靜處
而作佛事或住空閑處而作
佛事或住佛住處而作佛事

或住三昧而作佛事或獨處
혹주삼매이작불사혹독처

園林而作佛事或隱身不現
원림이작불사혹은신불현

而作佛事或住甚深智而作
이작불사혹주심심지이작

佛事或住諸佛無比境界而
불사혹주제불무비경계이

作佛事或住不可見種種身
작불사혹주불가견종종신

行隨諸衆生心樂欲解方便
행수제중생심락욕해방편

教化無有休息而作佛事或
교화무유휴식이작불사혹

사경의 공덕은 십만억 부처님께 공양한 것과 같은 공덕이 있습니다.

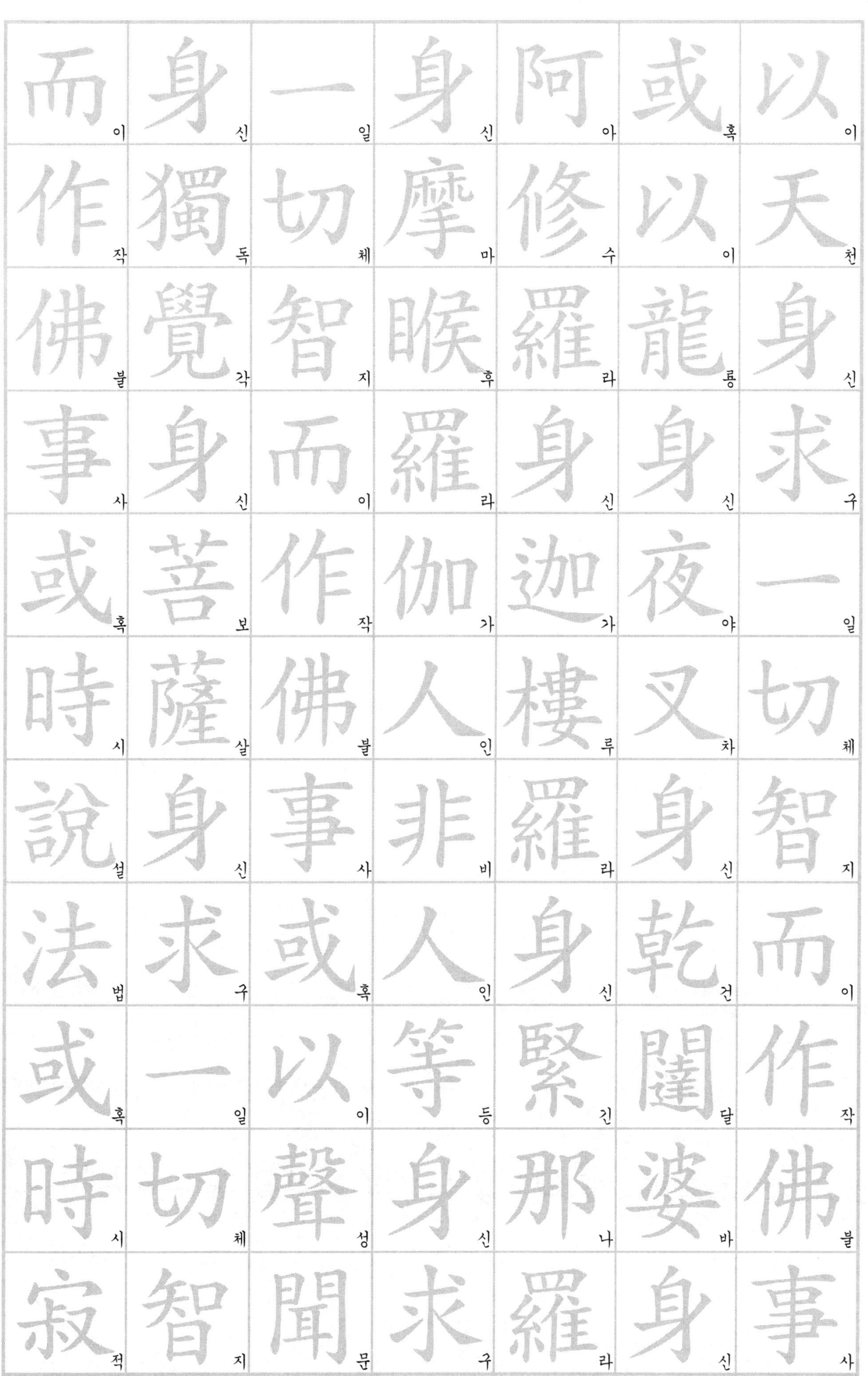
以天身求一切智而作佛事
이천신구일체지이작불사
或以龍身夜叉乾闥婆身
혹이룡신야차건달바신
阿修羅身迦樓羅緊那羅
아수라신가루라긴나라
身摩睺羅伽人非人等身求
신마후라가인비인등신구
一切智而作佛事或以聲聞
일체지이작불사혹이성문
身獨覺身菩薩身求一切智
신독각신보살신구일체지
而作佛事或時說法或時寂
이작불사혹시설법혹시적

默而作佛事或說一佛或說
묵이작불사혹설일불혹설

多佛而作佛事或說諸菩薩
다불이작불사혹설제보살

一切行一切願爲一行願而
일체행일체원위일행원이

作佛事或說諸菩薩一行一
작불사혹설제보살일행일

願爲無量行願而作佛事或
원위무량행원이작불사혹

說佛境界卽世間境界而作
설불경계즉세간경계이작

佛事或說世間境界卽佛境
불사혹설세간경계즉불경

界而作佛事或說佛境界卽
계이작불사혹설불경계즉

非境界而作佛事或住一日
비경계이작불사혹주일일

或住一夜或住半月或住一
혹주일야혹주반월혹주일

月或住一年乃至住不可說
월혹주일년내지주불가설

劫爲諸衆生而作佛事是爲
겁위제중생이작불사시위

第八廣大佛事
제팔광대불사

佛子一切諸佛是生清淨
불자일체제불시생청정

善根之藏令諸衆生於佛法
中生淨信解諸根調伏永離
世間令諸菩薩於菩提道具
智慧明不由他悟或現涅槃
而作佛事或現世間皆悉無
常而作佛事或說佛身而作
佛事或說所作皆悉已辦而

| 事 사 | 或 혹 | 說 설 | 世 세 | 本 본 | 而 이 | 作 작 |
|---|---|---|---|---|---|---|
| 或 혹 | 說 설 | 壽 수 | 間 간 | 而 이 | 作 작 | 佛 불 |
| 爲 위 | 世 세 | 命 명 | 隨 수 | 作 작 | 佛 불 | 事 사 |
| 宣 선 | 間 간 | 終 종 | 順 순 | 佛 불 | 事 사 | 或 혹 |
| 說 설 | 無 무 | 歸 귀 | 佛 불 | 事 사 | 或 혹 | 說 설 |
| 盡 진 | 一 일 | 於 어 | 心 심 | 或 혹 | 說 설 | 功 공 |
| 未 미 | 可 가 | 盡 진 | 而 이 | 令 령 | 永 영 | 德 덕 |
| 來 래 | 樂 락 | 而 이 | 作 작 | 衆 중 | 斷 단 | 圓 원 |
| 際 제 | 而 이 | 作 작 | 佛 불 | 生 생 | 諸 제 | 滿 만 |
| 供 공 | 作 작 | 佛 불 | 事 사 | 厭 염 | 有 유 | 無 무 |
| 養 양 | 佛 불 | 事 사 | 或 혹 | 離 리 | 根 근 | 缺 결 |

諸佛而作佛事或說諸佛轉
淨法輪令其得聞生大歡喜
而作佛事或爲宣說諸佛境
界令其發心而修諸行而作
佛事或爲宣說念佛三昧令
其發心常樂見佛而作佛事
或爲宣說諸根淸淨勤求佛

道心無懈退而作佛事或詣
도심무해퇴이작불사혹예

一切諸佛國土觀諸境界種
일체제불국토관제경계종

種因緣而作佛事或攝一切
종인연이작불사혹섭일체

諸衆生身皆爲佛身令諸懈
제중생신개위불신영제해

怠放逸衆生悉住如來淸淨
태방일중생실주여래청정

禁戒而作佛事是爲第九廣
금계이작불사시위제구광

大佛事
대불사

佛(불)子(자)一(일)切(체)諸(제)佛(불)入(입)涅(열)槃(반)時(시)
無(무)量(량)衆(중)生(생)悲(비)號(호)涕(체)泣(읍)生(생)大(대)憂(우)
惱(뇌)遞(체)相(상)瞻(첨)顧(고)而(이)作(작)是(시)言(언)如(여)來(래)
世(세)尊(존)有(유)大(대)慈(자)悲(비)哀(애)愍(민)饒(요)益(익)一(일)
切(체)世(세)間(간)與(여)諸(제)衆(중)生(생)爲(위)救(구)爲(위)歸(귀)
如(여)來(래)出(출)現(현)難(난)可(가)値(치)遇(우)無(무)上(상)福(복)
田(전)於(어)今(금)永(영)滅(멸)卽(즉)以(이)如(여)是(시)令(영)諸(제)

사경의 공덕은 십만억 부처님께 공양한 것과 같은 공덕이 있습니다.

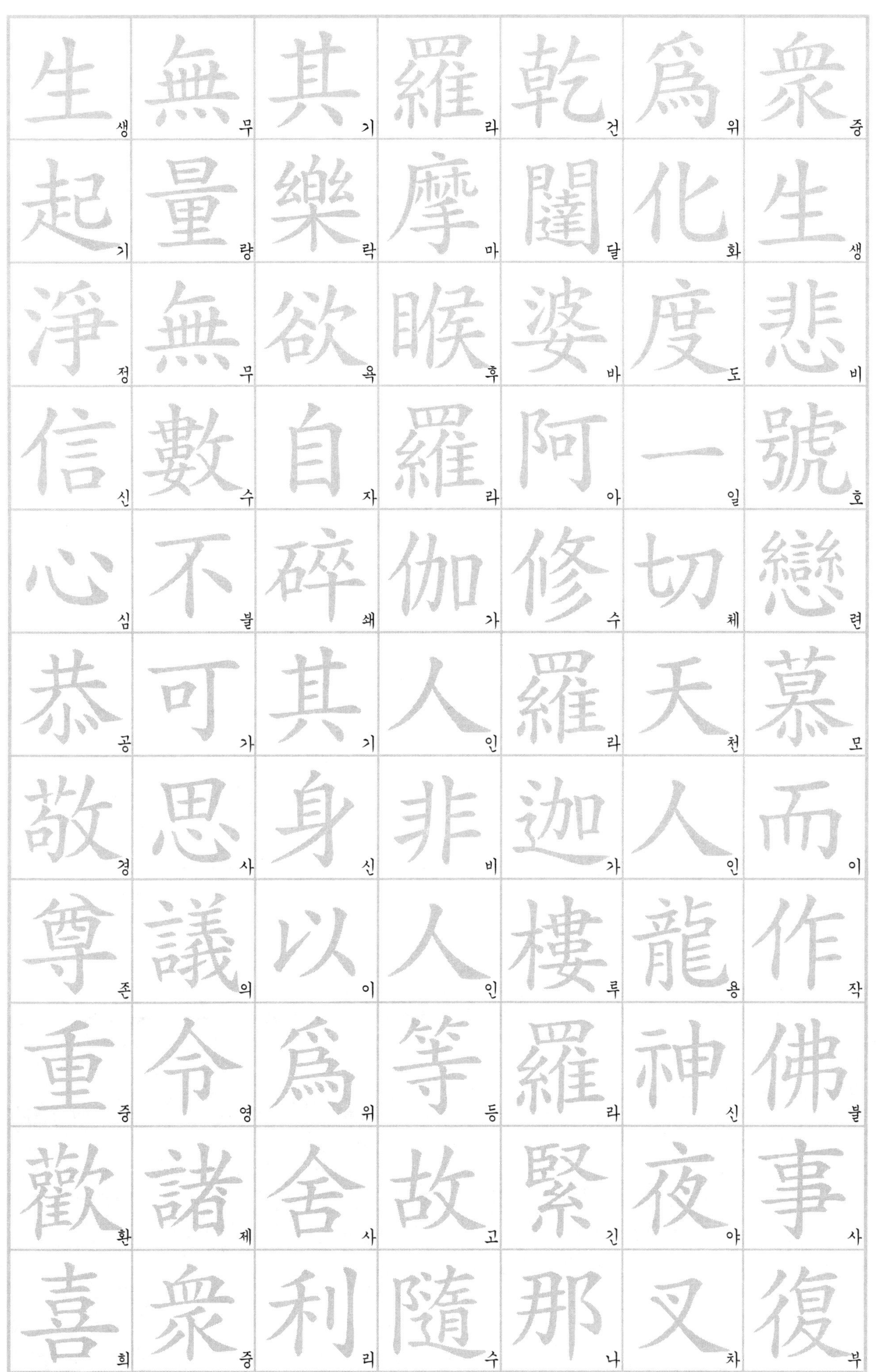

衆生悲號戀慕而作佛事復
중생비호련모이작불사부

爲化度一切天人龍神夜叉
위화도일체천인용신야차

乾闥婆阿修羅迦樓羅緊那
건달바아수라가루라긴나

羅摩睺羅伽人非人等故隨
라마후라가인비인등고수

其樂欲自碎其身以爲舍利
기락욕자쇄기신이위사리

無量無數不可思議令諸衆
무량무수불가사의영제중

生起淨信心恭敬尊重歡喜
생기정신심공경존중환희

供養修諸功德具足圓滿復
공양수제공덕구족원만부

起於塔種種嚴飾於諸天宮
기어탑종종엄식어제천궁

龍宮夜叉宮乾闥婆阿修羅
용궁야차궁건달바아수라

迦樓羅緊那羅摩睺羅伽人
가루라긴나라마후라가인

非人等諸宮殿中以爲供養
비인등제궁전중이위공양

牙齒爪髮咸以起塔令其見
아치조발함이기탑영기견

者皆悉念佛念法念僧信樂
자개실념불염법염승신락

사경의 공덕은 십만억 부처님께 공양한 것과 같은 공덕이 있습니다.

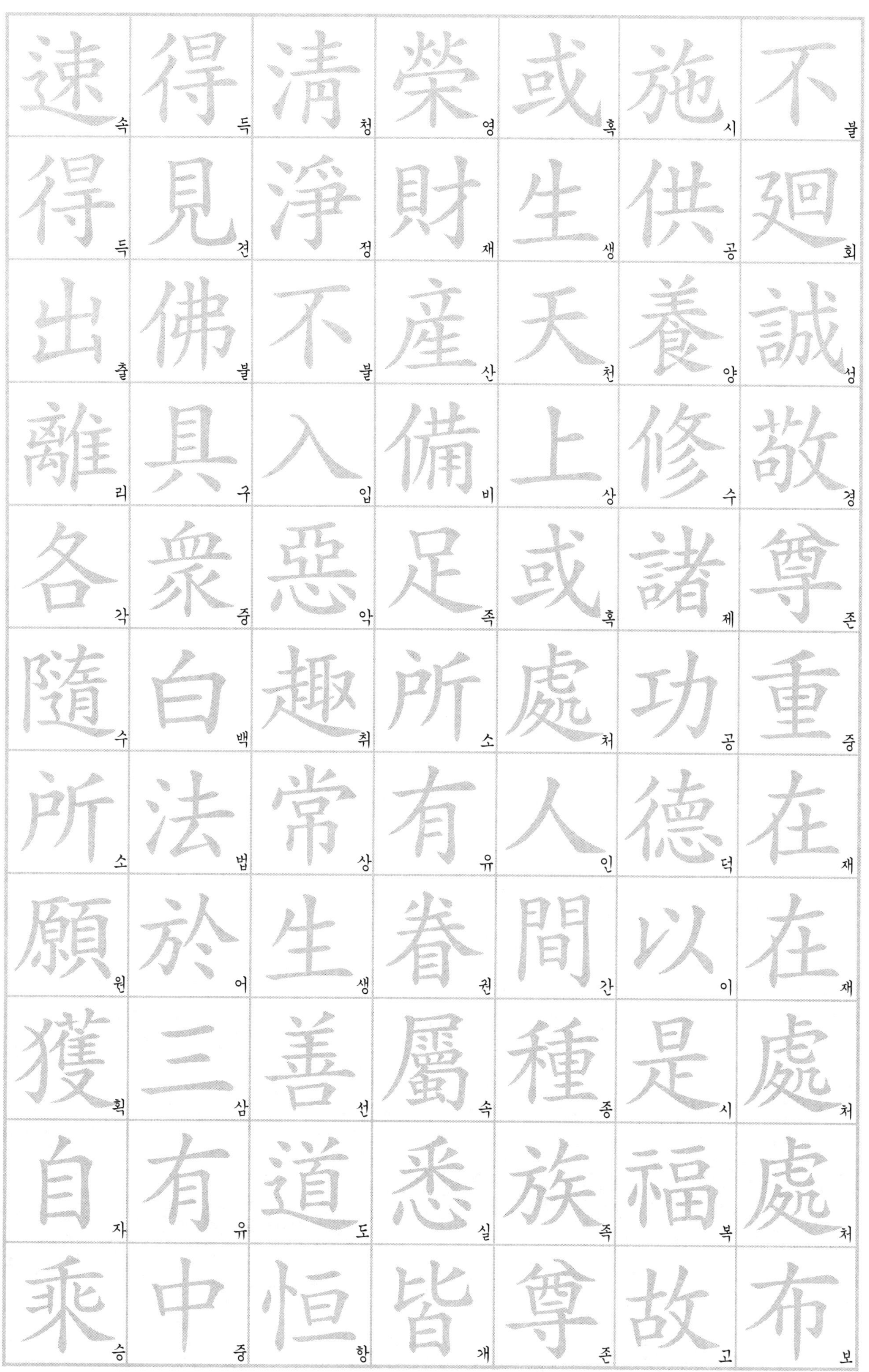


사경의 공덕은 십만억 부처님께 공양한 것과 같은 공덕이 있습니다.

果於如來所知恩報恩永與
과어여래소지은보은영여

世間作所歸依佛子諸佛世
세간작소귀의불자제불세

尊雖般涅槃仍與衆生作不
존수반열반잉여중생작부

思議淸淨福田無盡功德最
사의청정복전무진공덕최

上福田令諸衆生善根具足
상복전영제중생선근구족

福德圓滿是爲第十廣大佛
복덕원만시위제십광대불

事
사

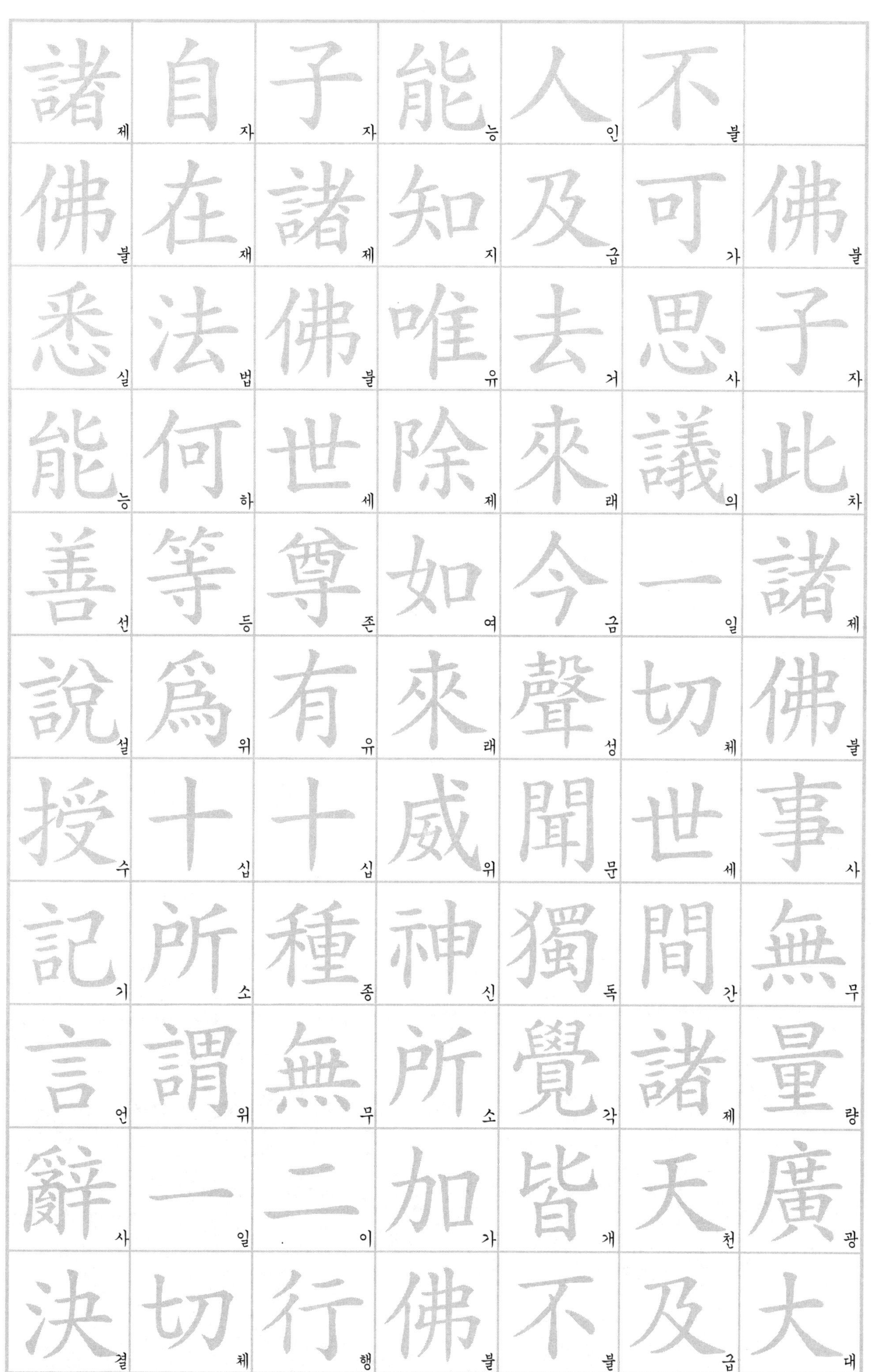

佛子此諸佛事無量廣大
不可思議一切世間諸天及
人及去來今聲聞獨覺皆不
能知唯除如來威神所加佛
子諸佛世尊有十種無二行
自在法何等爲十所謂一切
諸佛悉能善說授記言辭決

| 佛 불 | 諸 제 | 切 체 | 諸 제 | 二 이 | 衆 중 | 定 정 |
| --- | --- | --- | --- | --- | --- | --- |
| 悉 실 | 佛 불 | 諸 제 | 法 법 | 一 일 | 生 생 | 無 무 |
| 知 지 | 智 지 | 佛 불 | 演 연 | 切 체 | 心 심 | 二 이 |
| 三 삼 | 慧 혜 | 悉 실 | 說 설 | 諸 제 | 念 념 | 一 일 |
| 世 세 | 決 결 | 能 능 | 其 기 | 佛 불 | 令 영 | 切 체 |
| 一 일 | 定 정 | 具 구 | 義 의 | 悉 실 | 其 기 | 諸 제 |
| 切 체 | 無 무 | 足 족 | 決 결 | 能 능 | 意 의 | 佛 불 |
| 刹 찰 | 二 이 | 去 거 | 定 정 | 現 현 | 滿 만 | 悉 실 |
| 那 나 | 一 일 | 來 래 | 無 무 | 覺 각 | 決 결 | 能 능 |
| 卽 즉 | 切 체 | 今 금 | 二 이 | 一 일 | 定 정 | 隨 수 |
| 一 일 | 諸 제 | 世 세 | 一 일 | 切 체 | 無 무 | 順 순 |

사경의 공덕은 십만억 부처님께 공양한 것과 같은 공덕이 있습니다.

|  |  |  |  |  |  |  |
|---|---|---|---|---|---|---|
| 體 체 | 切 체 | 無 무 | 世 세 | 決 결 | 知 지 | 刹 찰 |
| 性 성 | 諸 제 | 二 이 | 一 일 | 定 정 | 三 삼 | 那 나 |
| 平 평 | 佛 불 | 一 일 | 切 체 | 無 무 | 世 세 | 決 결 |
| 等 등 | 與 여 | 切 체 | 佛 불 | 二 이 | 一 일 | 定 정 |
| 決 결 | 其 기 | 諸 제 | 語 어 | 一 일 | 切 체 | 無 무 |
| 定 정 | 所 소 | 佛 불 | 卽 즉 | 切 체 | 佛 불 | 二 이 |
| 無 무 | 化 화 | 悉 실 | 一 일 | 諸 제 | 刹 찰 | 一 일 |
| 二 이 | 一 일 | 知 지 | 佛 불 | 佛 불 | 入 입 | 切 체 |
| 一 일 | 切 체 | 三 삼 | 語 어 | 悉 실 | 一 일 | 諸 제 |
| 切 체 | 衆 중 | 世 세 | 決 결 | 知 지 | 佛 불 | 佛 불 |
| 諸 제 | 生 생 | 一 일 | 定 정 | 三 삼 | 刹 찰 | 悉 실 |

佛悉知世法及諸佛法性無
불실지세법급제불법성무

差別決定無二一切諸佛悉
차별결정무이일체제불실

知三世一切諸佛所有善根
지삼세일체제불소유선근

同一善根決定無二是爲十
동일선근결정무이시위십

佛子諸佛世尊有十種住
불자제불세존유십종주

住一切法何等爲十所謂一
주일체법하등위십소위일

切諸佛住覺悟一切法界一
체제불주각오일체법계일

사경의 공덕은 십만억 부처님께 공양한 것과 같은 공덕이 있습니다.

切諸佛住大悲語一切諸佛
住本大願一切諸佛住不捨
調伏衆生一切諸佛住無自
性法一切諸佛住平等利益
一切諸佛住無忘失法一切
諸佛住無障礙心一切諸佛
住恒正定心一切諸佛住等

사경의 공덕은 십만억 부처님께 공양한 것과 같은 공덕이 있습니다.

入一切法不違實際相是爲

十

佛子諸佛世尊有十種知

一切法盡無有餘何等爲十

所謂知過去一切法盡無有

餘知未來一切法盡無有餘

知現在一切法盡無有餘知

一(일) 切(체) 言(언) 語(어) 法(법) 盡(진) 無(무) 有(유) 餘(여) 知(지) 一(일)
切(체) 世(세) 間(간) 道(도) 盡(진) 無(무) 有(유) 餘(여) 知(지) 一(일) 切(체)
衆(중) 生(생) 心(심) 盡(진) 無(무) 有(유) 餘(여) 知(지) 一(일) 切(체) 菩(보)
薩(살) 善(선) 根(근) 上(상) 中(중) 下(하) 種(종) 種(종) 分(분) 位(위) 盡(진)
無(무) 有(유) 餘(여) 知(지) 一(일) 切(체) 佛(불) 圓(원) 滿(만) 智(지) 及(급)
諸(제) 善(선) 根(근) 不(부) 增(증) 不(불) 減(감) 盡(진) 無(무) 有(유) 餘(여)
知(지) 一(일) 切(체) 法(법) 皆(개) 從(종) 緣(연) 起(기) 盡(진) 無(무) 有(유)

餘知一切世界種盡無有餘
知一切法界中如因陀羅網
諸差別事盡無有餘是爲十
佛子諸佛世尊有十種力
何等爲十所謂廣大力最上
力無量力大威德力難獲力
不退力堅固力不可壞力一

사경의 공덕은 십만억 부처님께 공양한 것과 같은 공덕이 있습니다.

切世間不思議力一切衆生
체세간불사의력일체중생

無能動力是爲十
무능동력시위십

佛子諸佛世尊有十種大
불자제불세존유십종대

那羅延幢勇健法何者爲十
나라연당용건법하자위십

所謂一切諸佛身不可壞命
소위일체제불신불가괴명

不可斷世間毒藥所不能中
불가단세간독약소불능중

一切世界水火風災皆於佛
일체세계수화풍재개어불

사경의 공덕은 십만억 부처님께 공양한 것과 같은 공덕이 있습니다.

身不能爲害一切諸魔天龍
신불능위해일체제마천룡

夜叉乾闥婆阿修羅迦樓羅
야차건달파아수라가루라

緊那羅摩睺羅伽人非人毘
긴나라마후라가인비인비

舍闍羅剎等盡其勢力雨大
사사나찰등진기세력우대

金剛如須彌山及鐵圍山徧
금강여수미산급철위산변

於三千大千世界一時俱下
어삼천대천세계일시구하

不能令佛心有驚怖乃至一
불능령불심유경포내지일

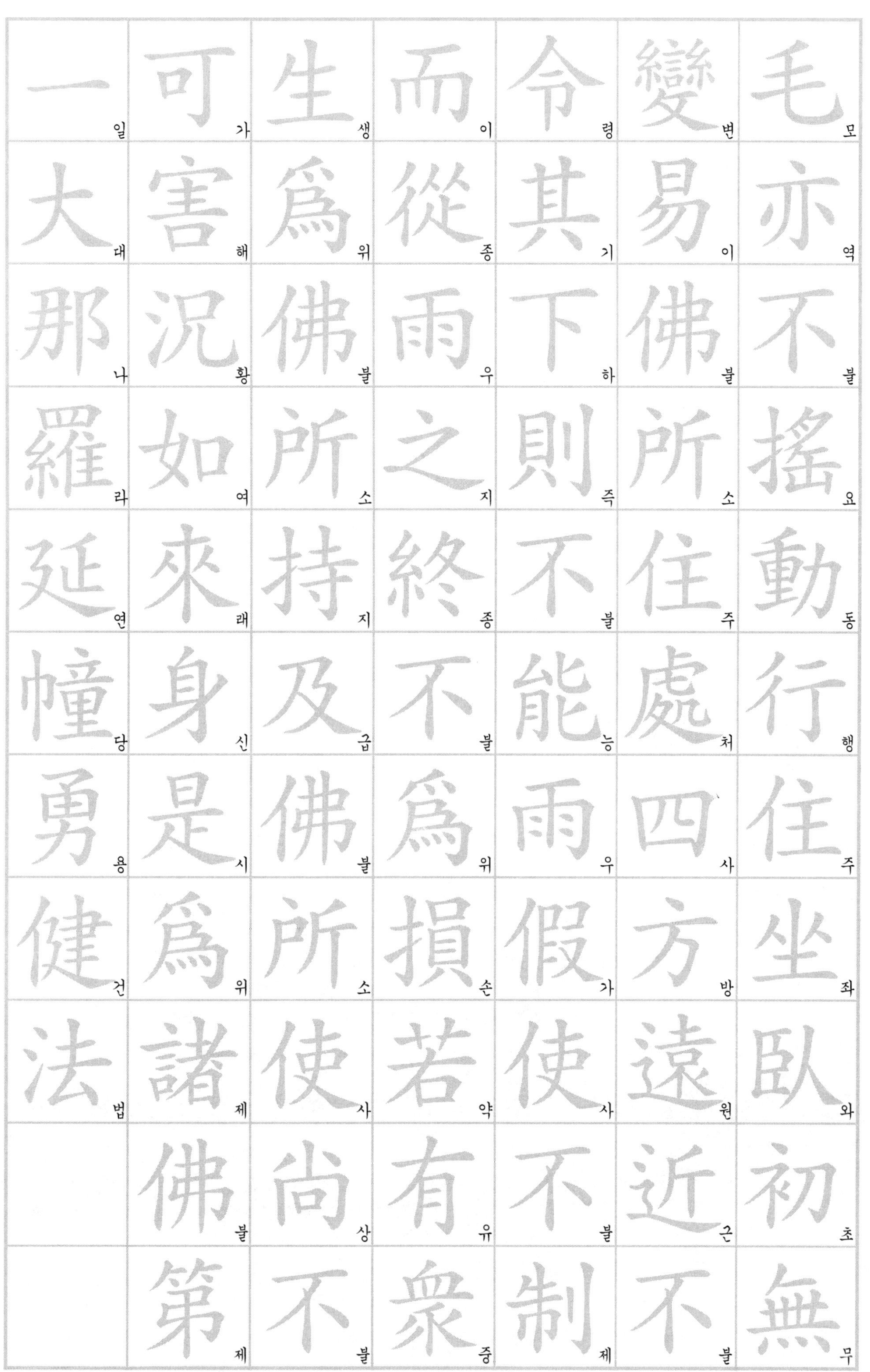
毛亦不搖動行住坐臥初無
모역불요동행주좌와초무
變易佛所住處四方遠近不
변이불소주처사방원근불
令其下則不能雨假使不制
령기하즉불능우가사불제
而從雨之終不爲損若有衆
이종우지종불위손약유중
生爲佛所持及佛所使尚不
생위불소지급불소사상불
可害況如來身是爲諸佛第
가해황여래신시위제불제
一大那羅延幢勇健法
일대나라연당용건법

사경의 공덕은 십만억 부처님께 공양한 것과 같은 공덕이 있습니다.

佛(불) 子(자) 一(일) 切(체) 諸(제) 佛(불) 以(이) 一(일) 切(체) 法(법)
界(계) 諸(제) 世(세) 界(계) 中(중) 須(수) 彌(미) 山(산) 王(왕) 及(급) 鐵(철)
圍(위) 山(산) 大(대) 鐵(철) 圍(위) 山(산) 大(대) 海(해) 山(산) 林(림) 宮(궁)
殿(전) 尾(미) 宅(택) 置(치) 一(일) 毛(모) 孔(공) 盡(진) 未(미) 來(래) 劫(겁)
而(이) 諸(제) 衆(중) 生(생) 不(불) 覺(각) 不(부) 知(지) 唯(유) 除(제) 如(여)
來(래) 神(신) 力(력) 所(소) 被(피) 佛(불) 子(자) 爾(이) 時(시) 諸(제) 佛(불)
於(어) 一(일) 毛(모) 孔(공) 持(지) 於(어) 爾(이) 所(소) 一(일) 切(체) 世(세)

界계 盡진 未미 來래 劫겁 或혹 行행 或혹 住주 或혹 坐좌

或혹 臥와 不불 生생 一일 念념 勞로 倦권 之지 心심 佛불

子자 譬비 如여 虛허 空공 普보 持지 一일 切체 徧변 法법

界계 中중 所소 有유 世세 界계 而이 無무 勞로 倦권 一일

切체 諸제 佛불 於어 一일 毛모 孔공 持지 諸제 世세 界계

亦역 復부 如여 是시 是시 爲위 諸제 佛불 第제 二이 大대

那나 羅라 延연 幢당 勇용 健건 法법

佛子一切諸佛能於一念
起不可說不可說世界微塵
數步一一步過不可說不可
說佛剎微塵數國土如是而
行經一切世界微塵數劫佛
子假使有一大金剛山與上
所經一切佛剎其量正等如

是量等大金剛山有不可說
不可說佛剎微塵數諸佛能
以如是諸山置一毛孔佛身
毛孔與法界中一切衆生毛
孔數等一一毛孔悉置爾許
大金剛山持爾許山遊行十
方入盡虛空一切世界從於

前際盡未來際一切諸劫無
전제진미래제일체제겁무

有休息佛身無損亦不勞倦
유휴식불신무손역불로권

心常在定無有散亂是爲諸
심상재정무유산란시위제

佛第三大那羅延幢勇健法
불제삼대나라연당용건법

佛子一切諸佛一坐食已
불자일체제불일좌식이

結跏趺坐經前後際不可說
결가부좌경전후제불가설

劫入佛所受不思議樂其身
겁입불소수불사의락기신

사경의 공덕은 십만억 부처님께 공양한 것과 같은 공덕이 있습니다.

所(소)有(유)衆(중)生(생)一(일)一(일)衆(중)生(생)其(기)身(신)大(대)

小(소)悉(실)與(여)不(불)可(가)說(설)佛(불)刹(찰)微(미)塵(진)數(수)

世(세)界(계)量(량)等(등)輕(경)重(중)亦(역)爾(이)諸(제)佛(불)能(능)

以(이)爾(이)所(소)衆(중)生(생)置(치)一(일)指(지)端(단)盡(진)於(어)

後(후)際(제)所(소)有(유)諸(제)劫(겁)一(일)切(체)指(지)端(단)皆(개)

亦(역)如(여)是(시)盡(진)持(지)爾(이)許(허)一(일)切(체)衆(중)生(생)

入(입)徧(변)虛(허)空(공)一(일)一(일)世(세)界(계)盡(진)於(어)法(법)

界悉使無餘而佛身心曾無
계실사무여이불신심증무

勞倦是爲諸佛第四大那羅
로권시위제불제사대나라

延幢勇健法
연당용건법

佛子一切諸佛能於一身
불자일체제불능어일신

化現不可說不可說佛剎微
화현불가설불가설불찰미

塵數頭一一頭化現不可說
진수두일일두화현불가설

不可說佛剎微塵數舌一一
불가설불찰미진수설일일

舌化出不可說不可說佛剎
설화출불가설불가설불찰

微塵數差別音聲法界衆生
미진수차별음성법계중생

靡不皆聞一一音聲演不可
미불개문일일음성연불가

說不可說佛剎微塵數修多
설불가설불찰미진수수다

羅藏一一修多羅藏演不可
라장일일수다라장연불가

說不可說佛剎微塵數法一
설불가설불찰미진수법일

一法有不可說不可說佛剎
일법유불가설불가설불찰

微(미)塵(진)數(수)文(문)字(자)句(구)義(의)如(여)是(시)演(연)說(설)
盡(진)不(불)可(가)說(설)不(불)可(가)說(설)佛(불)刹(찰)微(미)塵(진)
數(수)劫(겁)盡(진)是(시)劫(겁)已(이)復(부)更(갱)演(연)說(설)盡(진)
不(불)可(가)說(설)不(불)可(가)說(설)佛(불)刹(찰)微(미)塵(진)數(수)
劫(겁)如(여)是(시)次(차)第(제)乃(내)至(지)盡(진)於(어)一(일)切(체)
世(세)界(계)微(미)塵(진)數(수)盡(진)一(일)切(체)衆(중)生(생)心(심)
念(념)數(수)未(미)來(래)際(제)劫(겁)猶(유)可(가)窮(궁)盡(진)如(여)

來(래)化(화)身(신)所(소)轉(전)法(법)輪(륜)無(무)有(유)窮(궁)盡(진)所(소)謂(위)智(지)慧(혜)演(연)說(설)法(법)輪(륜)斷(단)諸(제)疑(의)惑(혹)法(법)輪(륜)照(조)一(일)切(체)法(법)法(법)輪(륜)開(개)無(무)礙(애)藏(장)法(법)輪(륜)令(영)無(무)量(량)衆(중)生(생)歡(환)喜(희)調(조)伏(복)法(법)輪(륜)開(개)示(시)一(일)切(체)諸(제)菩(보)薩(살)行(행)法(법)輪(륜)高(고)昇(승)圓(원)滿(만)大(대)智(지)慧(혜)日(일)法(법)輪(륜)普(보)照(조)然(연)照(조)世(세)智(지)慧(혜)明(명)燈(등)法(법)

사경의 공덕은 십만억 부처님께 공양한 것과 같은 공덕이 있습니다.

輪(륜) 辯(변) 才(재) 無(무) 畏(외) 種(종) 種(종) 莊(장) 嚴(엄) 法(법) 輪(륜)

如(여) 一(일) 佛(불) 身(신) 以(이) 神(신) 通(통) 力(력) 轉(전) 如(여)

是(시) 等(등) 差(차) 別(별) 法(법) 輪(륜) 一(일) 切(체) 世(세) 法(법) 無(무)

能(능) 爲(위) 喩(유) 如(여) 是(시) 盡(진) 虛(허) 空(공) 界(계) 一(일) 一(일)

毛(모) 端(단) 分(분) 量(량) 之(지) 處(처) 有(유) 不(불) 可(가) 說(설) 不(불)

可(가) 說(설) 佛(불) 刹(찰) 微(미) 塵(진) 數(수) 世(세) 界(계) 一(일) 一(일)

世(세) 界(계) 中(중) 念(념) 念(념) 現(현) 不(불) 可(가) 說(설) 不(불) 可(가)

說설 佛불 剎찰 微미 塵진 數수 化화 身신 一일 一일 化화
身신 皆개 亦역 如여 是시 所소 說설 音음 聲성 文문 字자
句구 義의 一일 一일 充충 滿만 一일 切체 法법 界계 其기
中중 衆중 生생 皆개 得득 解해 了료 而이 佛불 言언 音음
無무 變변 無무 斷단 無무 有유 窮궁 盡진 是시 爲위 諸제
佛불 第제 五오 大대 那나 羅라 延연 幢당 勇용 健건 法법
佛불 子자 一일 切체 諸제 佛불 皆개 以이 德덕 相상

사경의 공덕은 십만억 부처님께 공양한 것과 같은 공덕이 있습니다.

莊嚴胸臆猶若金剛不可損
장엄흉억유약금강불가손
壞菩提樹下結跏趺坐魔王
괴보제수하결가부좌마왕
軍衆其數無邊種種異形甚
군중기수무변종종이형심
可怖畏衆生見者靡不驚懾
가포외중생견자미불경섭
悉發狂亂或時致死如是魔
실발광란혹시치사여시마
衆偏滿虛空如來見之心無
중변만허공여래견지심무
恐怖容色不變一毛不竪不
공포용색불변일모불수부

사경의 공덕은 십만억 부처님께 공양한 것과 같은 공덕이 있습니다.

動不亂無所分別離諸喜怒
동불란무소분별이제희노

寂然淸淨住佛所住具慈悲
적연청정주불소주구자비

力諸根調伏心無所畏非諸
력제근조복심무소외비제

魔衆所能傾動而能摧伏一
마중소능경동이능최복일

切魔軍皆使廻心稽首歸依
체마군개사회심계수귀의

然後復以三輪教化令其悉
연후부이삼륜교화영기실

發阿耨多羅三藐三菩提意
발아녹다라삼막삼보리의

永不退轉是爲諸佛第六大
영불퇴전시위제불제육대

那羅延幢勇健法
나라연당용건법

佛子一切諸佛有無礙音
불자일체제불유무애음

其音普徧十方世界衆生聞
기음보변시방세계중생문

者自然調伏彼諸如來所出
자자연조복피제여래소출

音聲須彌盧等一切諸山不
음성수미로등일체제산불

能爲障天宮龍宮夜叉宮乾
능위장천궁용궁야차궁건

闥婆阿修羅迦樓羅緊那羅
달바아수라가루라긴나라

摩睺羅伽人非人等一切諸
마후라가인비인등일체제

宮所不能障一切世界高大
궁소불능장일체세계고대

音聲亦不能障隨所應化一
음성역불능장수소응화일

切衆生靡不皆聞文字句義
체중생미불개문문자구의

悉得解了是爲諸佛第七大
실득해료시위제불제칠대

那羅延幢勇健法
나라연당용건법

佛子一切諸佛心無障礙
불자일체제불심무장애

於百千億那由他不可說不
어백천억나유타불가설불

可說劫恒善清淨去來現在
가설겁항선청정거래현재

一切諸佛同一體性無濁無
일체제불동일체성무탁무

翳無我無我所非內非外了
예무아무아소비내비외요

境空寂不生妄想無所依無
경공적불생망상무소의무

所作不住諸相永斷分別本
소작부주제상영단분별본

性(성)清(청)淨(정)捨(사)離(리)一(일)切(체)攀(반)緣(연)憶(억)念(념)
於(어)一(일)切(체)法(법)常(상)無(무)違(위)諍(쟁)住(주)於(어)實(실)
際(제)離(이)欲(욕)清(청)淨(정)入(입)眞(진)法(법)界(계)演(연)說(설)
無(무)盡(진)離(이)量(량)非(비)量(량)所(소)有(유)妄(망)想(상)絶(절)
爲(위)無(무)爲(위)一(일)切(체)言(언)說(설)於(어)不(불)可(가)說(설)
無(무)邊(변)境(경)界(계)悉(실)已(이)通(통)達(달)無(무)礙(애)無(무)
盡(진)智(지)慧(혜)方(방)便(편)成(성)就(취)十(십)力(력)一(일)切(체)

功德莊嚴淸淨演說種種無
(공덕장엄청정연설종종무)
量諸法皆與實相不相違背
(량제법개여실상불상위배)
於諸法界三世諸法悉等無
(어제법계삼세제법실등무)
異究竟自在入一切法最勝
(이구경자재입일체법최승)
之藏一切法門正念不惑安
(지장일체법문정념불혹안)
住十方一切佛刹而無動轉
(주시방일체불찰이무동전)
得不斷智知一切法究竟無
(득부단지지일체법구경무)

餘盡諸有漏心善解脫慧善
여진제유루심선해탈혜선

解脫住於實際通達無礙心
해탈주어실제통달무애심

常正定於三世法及以一切
상정정어삼세법급이일체

衆生心行一念了達皆無障
중생심행일념료달개무장

礙是爲諸佛第八大那羅延
애시위제불제팔대나라연

幢勇健法
당용건법

佛子一切諸佛同一法身
불자일체제불동일법신

境界無量身功德無邊身世
경계무량신공덕무변신세

間無盡身三界不染身隨念
간무진신삼계불염신수념

示現身非實非虛平等淸淨
시현신비실비허평등청정

身無來無去無爲不壞身一
신무래무거무위불괴신일

相無相法自性身無處無方
상무상법자성신무처무방

徧一切身神變自在無邊色
변일체신신변자재무변색

相身種種示現普入一切身
상신종종시현보입일체신

사경의 공덕은 십만억 부처님께 공양한 것과 같은 공덕이 있습니다.

妙法方便身智藏普照身示
묘법방편신지장보조신시

法平等身普徧法界身無動
법평등신보변법계신무동

無分別非有非無常淸淨身
무분별비유비무상청정신

非方便非不方便非滅非不
비방편비불방편비멸비불

滅隨所應化一切衆生種種
멸수소응화일체중생종종

信解而示現身從一切功德
신해이시현신종일체공덕

寶所生身具一切諸佛法眞
보소생신구일체제불법진

사경의 공덕은 십만억 부처님께 공양한 것과 같은 공덕이 있습니다.

如身本性寂靜無障礙身成
여신본성적정무장애신성

就一切無礙法身徧住一切
취일체무애법신변주일체

清淨法界身分形普徧一切
청정법계신분형보변일체

世間身無攀緣無退轉永解
세간신무반연무퇴전영해

脫具一切智普了達身是爲
탈구일체지보료달신시위

諸佛第九大那羅延幢勇健
제불제구대나라연당용건

法
법

佛子一切諸佛等悟一切
불자일체제불등오일체

諸如來法等修一切諸菩薩
제여래법등수일체제보살

行若願若智淸淨平等猶如
행약원약지청정평등유여

大海悉得滿足行力尊勝未
대해실득만족행력존승미

曾退怯住諸三昧無量境界
증퇴겁주제삼매무량경계

示一切道勸善誡惡智力第
시일체도권선계악지력제

一演法無畏隨有所問悉能
일연법무외수유소문실능

사경의 공덕은 십만억 부처님께 공양한 것과 같은 공덕이 있습니다.

善答智慧說法平等淸淨身
선답지혜설법평등청정신

語意行悉皆無雜住佛所住
어의행실개무잡주불소주

諸佛種性以佛智慧而作佛
제불종성이불지혜이작불

事住一切智演無量法無有
사주일체지연무량법무유

根本無有邊際神通智慧不
근본무유변제신통지혜불

可思議一切世間無能解了
가사의일체세간무능해료

智慧深入見一切法微妙廣
지혜심입견일체법미묘광

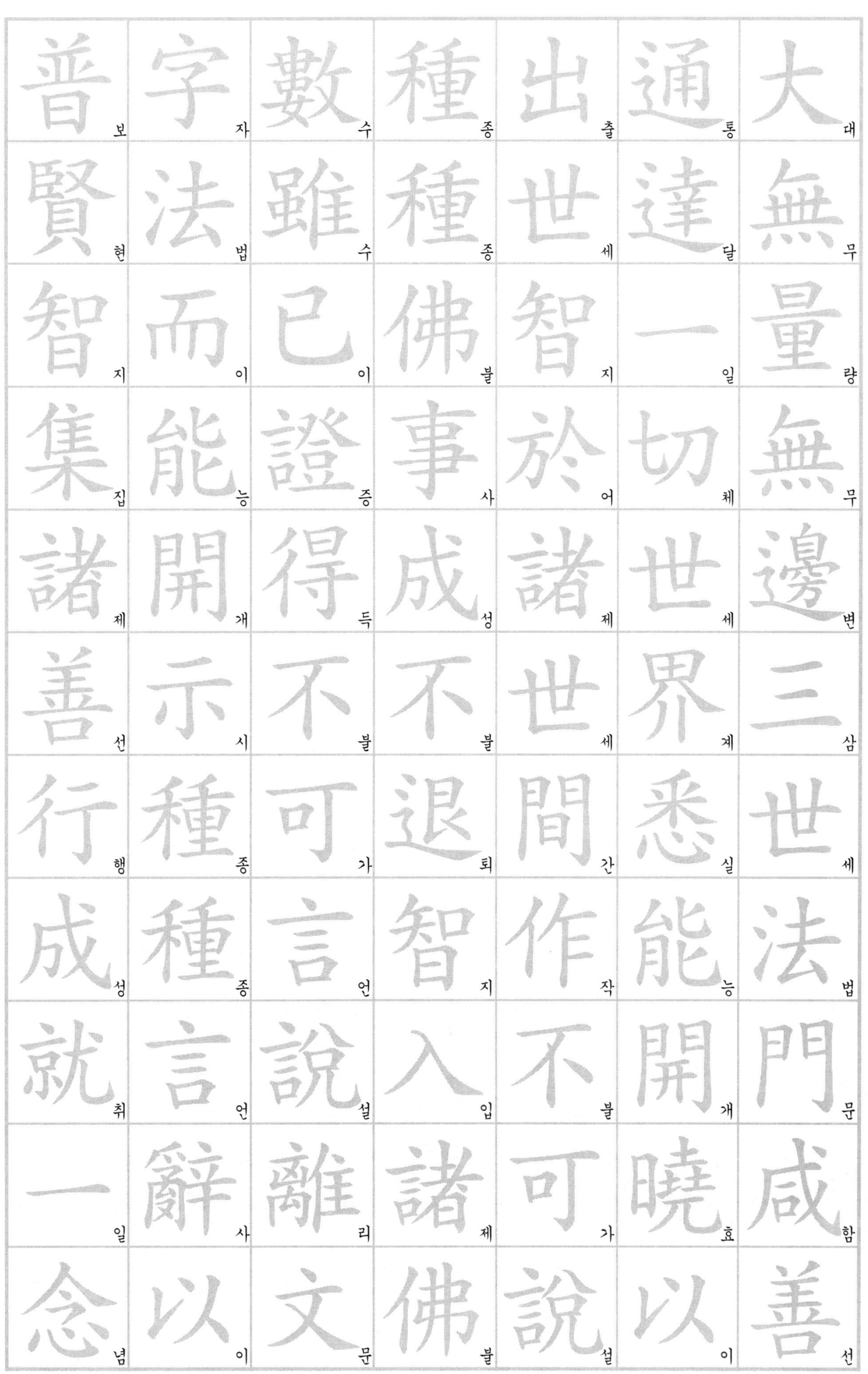
大(대)無(무)量(량)無(무)邊(변)三(삼)世(세)法(법)門(문)咸(함)善(선)
通(통)達(달)一(일)切(체)世(세)界(계)悉(실)能(능)開(개)曉(효)以(이)
出(출)世(세)智(지)於(어)諸(제)世(세)間(간)作(작)不(불)可(가)說(설)
種(종)種(종)佛(불)事(사)成(성)不(불)退(퇴)智(지)入(입)諸(제)佛(불)
數(수)雖(수)已(이)證(증)得(득)不(불)可(가)言(언)說(설)離(리)文(문)
字(자)法(법)而(이)能(능)開(개)示(시)種(종)種(종)言(언)辭(사)以(이)
普(보)賢(현)智(지)集(집)諸(제)善(선)行(행)成(성)就(취)一(일)念(념)

사경의 공덕은 십만억 부처님께 공양한 것과 같은 공덕이 있습니다.

相應妙慧於一切法悉能覺
상응묘혜어일체법실능각

了如先所念一切衆生皆依
료여선소념일체중생개의

自乘而施其法一切諸法一
자승이시기법일체제법일

切世界一切衆生一切三世
체세계일체중생일체삼세

於法界內如是境界其量無
어법계내여시경계기량무

邊以無礙智悉能知見
변이무애지실능지견

佛子一切諸佛於一念頃
불자일체제불어일념경

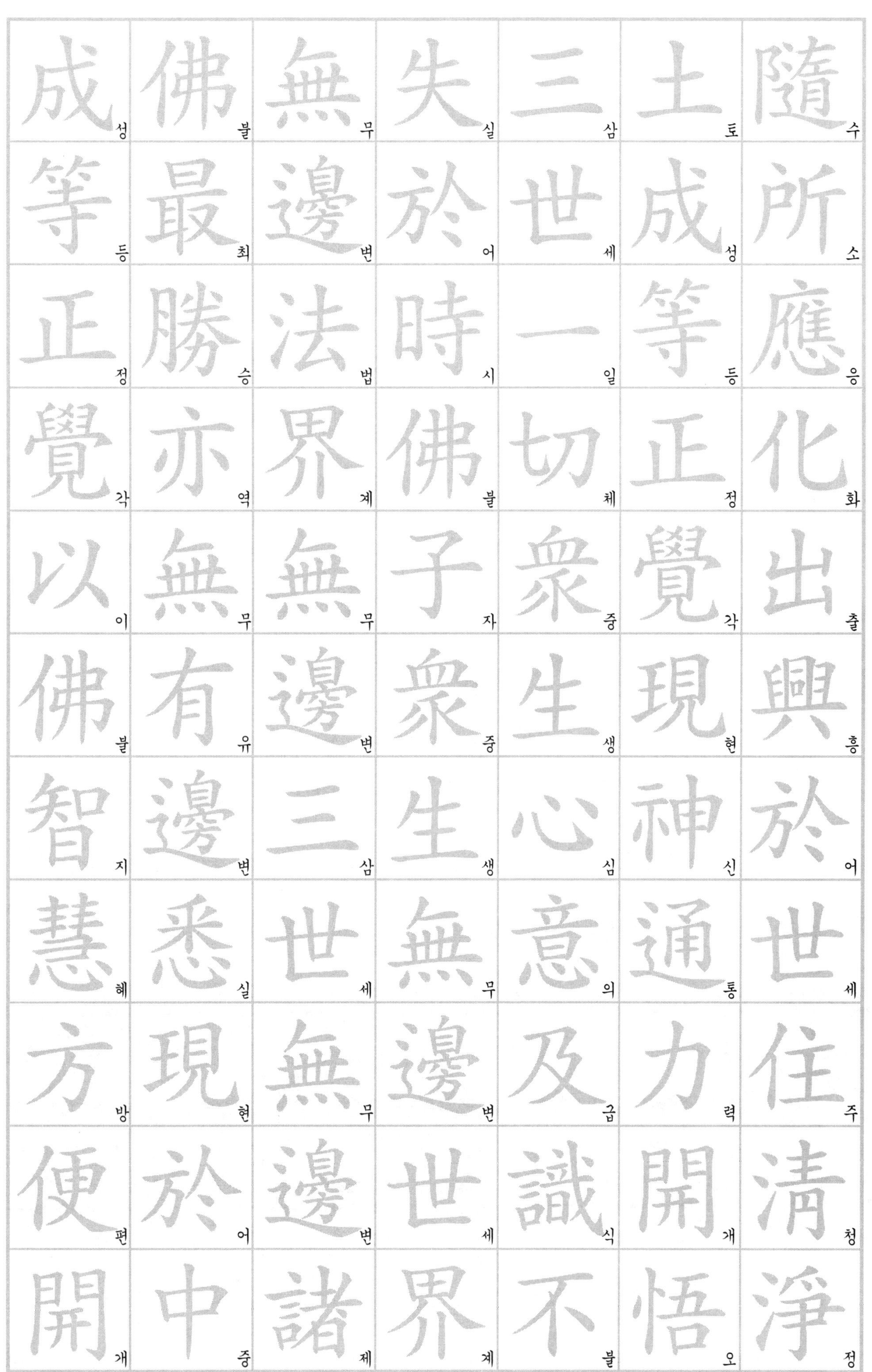


사경의 공덕은 십만억 부처님께 공양한 것과 같은 공덕이 있습니다.

悟無有休息
오무유휴식

佛子一切諸佛以神通力
불자일체제불이신통력

現最妙身住無邊處大悲方
현최묘신주무변처대비방

便心無障礙於一切時常爲
편심무장애어일체시상위

衆生演說妙法是爲諸佛第
중생연설묘법시위제불제

十大那羅延幢勇健法
십대나라연당용건법

佛子此一切諸佛大那羅
불자차일체제불대나라

延幢勇健法無量無邊不可
연당용건법무량무변불가

思議去來現在一切衆生及
사의거래현재일체중생급

以二乘不能解了唯除如來
이이승불능해료유제여래

神力所加
신력소가

佛子諸佛世尊有十種決
불자제불세존유십종결

定法何等爲十所謂一切諸
정법하등위십소위일체제

佛定從兜率壽盡下生一切
불정종도솔수진하생일체

諸佛定示受生處胎十月一
제불정시수생처태십월일

切諸佛定厭世俗樂求出家
체제불정염세속낙구출가

一切諸佛決定坐於菩提樹
일체제불결정좌어보리수

下成等正覺悟諸佛法一切
하성등정각오제불법일체

諸佛定於一念悟一切法一
제불정어일념오일체법일

切世界示現神力一切諸佛
체세계시현신력일체제불

定能應時轉妙法輪一切諸
정능응시전묘법륜일체제

佛(불)定(정)能(능)隨(수)彼(피)所(소)種(종)善(선)根(근)應(응)時(시)

說(설)法(법)而(이)爲(위)授(수)記(기)一(일)切(체)諸(제)佛(불)定(정)

能(능)應(응)時(시)爲(위)作(작)佛(불)事(사)一(일)切(체)諸(제)佛(불)

定(정)能(능)爲(위)諸(제)成(성)就(취)菩(보)薩(살)而(이)授(수)記(기)

別(별)一(일)切(체)諸(제)佛(불)定(정)能(능)一(일)念(념)普(보)答(답)

一(일)切(체)衆(중)生(생)所(소)問(문)是(시)爲(위)十(십)

佛(불)子(자)諸(제)佛(불)世(세)尊(존)有(유)十(십)種(종)速(속)

疾(질)法(법)何(하)等(등)爲(위)十(십)所(소)謂(위)一(일)切(체)諸(제)
佛(불)若(약)有(유)見(견)者(자)速(속)得(득)遠(원)離(리)一(일)切(체)
惡(악)趣(취)一(일)切(체)諸(제)佛(불)若(약)有(유)見(견)者(자)速(속)
得(득)圓(원)滿(만)殊(수)勝(승)功(공)德(덕)一(일)切(체)諸(제)佛(불)
若(약)有(유)見(견)者(자)速(속)能(능)成(성)就(취)廣(광)大(대)善(선)
根(근)一(일)切(체)諸(제)佛(불)若(약)有(유)見(견)者(자)速(속)得(득)
往(왕)生(생)淨(정)妙(묘)天(천)上(상)一(일)切(체)諸(제)佛(불)若(약)

有見者速能除斷一切疑惑 (유견자속능제단일체의혹)

一切諸佛若已發菩提心而 (일체제불약이발보리심이)

得見者速得成就廣大信解 (득견자속득성취광대신해)

永不退轉能隨所應教化衆 (영불퇴전능수소응교화중)

生若未發心即能速發阿耨 (생약미발심즉능속발아뇩)

多羅三藐三菩提心一切諸 (다라삼먁삼보리심일체제)

佛若未入正位而得見者速 (불약미입정위이득견자속)

사경의 공덕은 십만억 부처님께 공양한 것과 같은 공덕이 있습니다.

入正位一切諸佛若有見者
입정위일체제불약유견자

速能清淨世出世間一切諸
속능청정세출세간일체제

根一切諸佛若有見者速得
근일체제불약유견자속득

除滅一切障礙一切諸佛若
제멸일체장애일체제불약

有見者速能獲得無畏辯才
유견자속능획득무외변재

是爲十
시위십

佛子諸佛世尊有十種應
불자제불세존유십종응

| | | | | | | |
|---|---|---|---|---|---|---|
| 大 대 | 薩 살 | 一 일 | 淨 정 | 菩 보 | 謂 위 | 常 상 |
| 願 원 | 應 응 | 切 체 | 勝 승 | 薩 살 | 一 일 | 憶 억 |
| 一 일 | 常 상 | 諸 제 | 行 행 | 應 응 | 切 체 | 念 념 |
| 切 체 | 憶 억 | 佛 불 | 一 일 | 常 상 | 諸 제 | 清 청 |
| 菩 보 | 念 념 | 滿 만 | 切 체 | 憶 억 | 佛 불 | 淨 정 |
| 薩 살 | 一 일 | 足 족 | 菩 보 | 念 념 | 過 과 | 法 법 |
| 應 응 | 切 체 | 諸 제 | 薩 살 | 一 일 | 去 거 | 何 하 |
| 常 상 | 諸 제 | 度 도 | 應 응 | 切 체 | 因 인 | 等 등 |
| 憶 억 | 佛 불 | 一 일 | 常 상 | 諸 제 | 緣 연 | 爲 위 |
| 念 념 | 成 성 | 切 체 | 憶 억 | 佛 불 | 一 일 | 十 십 |
| 一 일 | 就 취 | 菩 보 | 念 념 | 清 청 | 切 체 | 所 소 |

사경의 공덕은 십만억 부처님께 공양한 것과 같은 공덕이 있습니다.

| 佛 불 | 一 일 | 常 상 | 諸 제 | 行 행 | 應 응 | 切 체 |
|---|---|---|---|---|---|---|
| 神 신 | 切 체 | 憶 억 | 佛 불 | 一 일 | 常 상 | 諸 제 |
| 通 통 | 菩 보 | 念 념 | 現 현 | 切 체 | 憶 억 | 佛 불 |
| 無 무 | 薩 살 | 一 일 | 成 성 | 菩 보 | 念 념 | 積 적 |
| 量 량 | 應 응 | 切 체 | 正 정 | 薩 살 | 一 일 | 集 집 |
| 一 일 | 常 상 | 諸 제 | 覺 각 | 應 응 | 切 체 | 善 선 |
| 切 체 | 憶 억 | 佛 불 | 一 일 | 常 상 | 諸 제 | 根 근 |
| 菩 보 | 念 념 | 色 색 | 切 체 | 憶 억 | 佛 불 | 一 일 |
| 薩 살 | 一 일 | 身 신 | 菩 보 | 念 념 | 已 이 | 切 체 |
| 應 응 | 切 체 | 無 무 | 薩 살 | 一 일 | 具 구 | 菩 보 |
| 常 상 | 諸 제 | 量 량 | 應 응 | 切 체 | 梵 범 | 薩 살 |

憶念一切諸佛十力無畏一
억념일체제불십력무외일

切菩薩應常憶念是爲十
체보살응상억념시위십

佛子諸佛世尊有十種一
불자제불세존유십종일

切智住何等爲十所謂一切
체지주하등위십소위일체

諸佛於一念中悉知三世一
제불어일념중실지삼세일

切衆生心心所行一切諸佛
체중생심심소행일체제불

於一念中悉知三世一切衆
어일념중실지삼세일체중

生所集諸業及業果報一切
생소집제업급업과보일체

諸佛於一念中悉知一切衆
제불어일념중실지일체중

生所宜以三種輪教化調伏
생소의이삼종륜교화조복

一切諸佛於一念中盡知法
일체제불어일념중진지법

界一切衆生所有心相於一
계일체중생소유심상어일

切處普現佛興令其得見方
체처보현불흥영기득견방

便攝受一切諸佛於一念中
편섭수일체제불어일념중

사경의 공덕은 십만억 부처님께 공양한 것과 같은 공덕이 있습니다.

普隨法界一切衆生心樂欲
보수법계일체중생심락욕

解示現說法令其調伏一切
해시현설법영기조복일체

諸佛於一念中悉知法界一
제불어일념중실지법계일

切衆生心之所樂爲現神力
체중생심지소락위현신력

一切諸佛於一念中徧一切
일체제불어일념중변일체

處隨所應化一切衆生示現
처수소응화일체중생시현

出興爲說佛身不可取着一
출흥위설불신불가취착일

사경의 공덕은 십만억 부처님께 공양한 것과 같은 공덕이 있습니다.

切諸佛於一念中普至法界
체제불어일념중보지법계

一切處一切衆生彼彼諸道
일체처일체중생피피제도

一切諸佛於一念中隨諸衆
일체제불어일념중수제중

生有憶念者在在處處無不
생유억념자재재처처무불

往應一切諸佛於一念中悉
왕응일체제불어일념중실

知一切衆生解欲爲其示現
지일체중생해욕위기시현

無量色相是爲十
무량색상시위십

佛子諸佛世尊有十種無
불자제불세존유십종무

量不可思議佛三昧何等爲
량불가사의불삼매하등위

十所謂一切諸佛恒在正定
십소위일체제불항재정정

於一念中徧一切處普爲衆
어일념중변일체처보위중

生廣說妙法
생광설묘법

一切諸佛恒在正定於一
일체제불항재정정어일

念中徧一切處普爲衆生說
념중변일체처보위중생설

無(무)我(아)際(제)一(일)切(체)諸(제)佛(불)恒(항)住(주)正(정)定(정)

於(어)一(일)念(념)中(중)徧(변)一(일)切(체)處(처)普(보)入(입)三(삼)

世(세)一(일)切(체)諸(제)佛(불)恒(항)在(재)正(정)定(정)於(어)一(일)

念(념)中(중)徧(변)一(일)切(체)處(처)普(보)入(입)十(시)方(방)廣(광)

大(대)佛(불)刹(찰)一(일)切(체)諸(제)佛(불)恒(항)在(재)正(정)定(정)

於(어)一(일)念(념)中(중)徧(변)一(일)切(체)處(처)普(보)現(현)無(무)

量(량)種(종)種(종)佛(불)身(신)一(일)切(체)諸(제)佛(불)恒(항)在(재)

사경의 공덕은 십만억 부처님께 공양한 것과 같은 공덕이 있습니다.

正定於一念中徧一切處隨
정정어일념중변일체처수

諸衆生種種心解現身語意
제중생종종심해현신어의

一切諸佛恒在正定於一念
일체제불항재정정어일념

中徧一切處說一切法離欲
중변일체처설일체법이욕

眞際一切諸佛恒住正定於
진제일체제불항주정정어

一念中徧一切處演說一切
일념중변일체처연설일체

緣起自性一切諸佛恒住正
연기자성일체제불항주정

定於一念中徧一切處示現
정어일념중변일체처시현

無量世出世間廣大莊嚴令
무량세출세간광대장엄영

諸衆生常得見佛一切諸佛
제중생상득견불일체제불

恒住正定於一念中徧一切
항주정정어일념중변일체

處令諸衆生悉得通達一切
처영제중생실득통달일체

佛法無量解脫究竟到於無
불법무량해탈구경도어무

上彼岸是爲十
상피안시위십

佛(불)子(자)諸(제)佛(불)世(세)尊(존)有(유)十(십)種(종)無(무)
礙(애)解(해)脫(탈)何(하)等(등)爲(위)十(십)所(소)謂(위)一(일)切(체)
諸(제)佛(불)能(능)於(어)一(일)塵(진)現(현)不(불)可(가)說(설)不(불)
可(가)說(설)諸(제)佛(불)出(출)興(흥)於(어)世(세)一(일)切(체)諸(제)
佛(불)能(능)於(어)一(일)塵(진)現(현)不(불)可(가)說(설)不(불)可(가)
說(설)諸(제)佛(불)轉(전)淨(정)法(법)輪(륜)一(일)切(체)諸(제)佛(불)
能(능)於(어)一(일)塵(진)現(현)不(불)可(가)說(설)不(불)可(가)說(설)

衆生受化調伏一切諸佛能
중생수화조복일체제불능

於一塵現不可說不可說諸
어일진현불가설불가설제

佛國土一切諸佛能於一塵
불국토일체제불능어일진

現不可說不可說菩薩授記
현불가설불가설보살수기

一切諸佛能於一塵現去來
일체제불능어일진현거래

今一切諸佛一切諸佛能於
금일체제불일체제불능어

一塵現去來今諸世界種一
일진현거래금제세계종일

사경의 공덕은 십만억 부처님께 공양한 것과 같은 공덕이 있습니다.

切諸佛能於一塵現去來今
체제불능어일진현거래금

一切神通一切諸佛能於一
일체신통일체제불능어일

塵現去來今一切衆生一切
진현거래금일체중생일체

諸佛能於一塵現去來今一
제불능어일진현거래금일

切佛事是爲十
체불사시위십

# 發 願 文

| 귀의 삼보하옵고 |
| --- |
| 거룩하신 부처님께 발원하옵나이다. |
| |
| |
| |
| |
| |
| |
| |
| |
| |
| |
| |
| |
| |
| |

주　　소 : ____________________

전　　화 : ____________________ 불 명 : __________ 성 명 : __________

불기 25 ______ 년 ______ 월 ______ 일